dieter arnold

gestern
lenz
getroffen

collage nach georg büchner

Bibliografische Information der Deutschen
Nationalbibliothek: Die Deutsche
Nationalbibliothek verzeichnet diese Publikation
in der Deutschen Nationalbibliografie;
detaillierte bibliografische Daten sind im
Internet über www.dnb.de abrufbar.

Herstellung und Verlag:
BoD – Books on Demand, Norderstedt
ISBN 978-3-7392-4686-4

für G.

lenz I   waldbach   jänner 1778
lenz II   straßburg   1835 – 36
lenz III geishouse   november 2003

lenz I,1

ging
wie damals im märz jetzt
auch im november
durchs gebirg

berggipfel und hohe flächen noch
nicht
im schnee die täler hinunter graues
gestein
nicht
grün noch das land

felsen
nicht
tannen flammend das laub
der lärchen und buchen und auch
nicht
nasskalt dunst breit unter
der schwachen sonne im westen

wenig wasser vom sommer die luft
kühl am himmel keine wolken
alles dicht und dunst von unten und
schwer und feucht so träg so
plump am abend

gleichgültig wie damals

weiter wie damals
immer den gleichen weg
abwärts
müde nur unangenehm wie
auf dem kopf er es spürte drängte
in seine brust

lenz I,2

der ganze hang rutscht unter
seinen füßen weg ihn
schüttelnd eh der dunst ihn bald
verschlang die gewalt in seinen gliedern
bald
enthüllt dringt in ihn sucht verliert
die träume find er nicht er
war so klein so nah die erde
mehr als der ofen soviel zeit
für einen abgrund einen fernsten

punkt

meinte alles
mit einem schritt der sturm ihn
in die täler warf der wald die stimmen
an die felsen wie donner fern gewalt
in tönen des wahnsinns jubelnd endlich
dazwischen die sonne noch nicht die
weite
des schnees buchenflammen ihn noch
verbrennend
weit über gipfel in täler hinein dunst
abwärts lichtblau und flutrot ein

riss

und dann der wind schluchten wie
wiesen
und flecken tiefblau und leiser
rot bergrücken fest und alt
weit über dem land in seiner brust der

riss

in seinem leib gebogen auge mund
sturm in ihm alles
dehnt sich liegt über der erde wühlt sich
ins all aus lust kein weh
schreit still sein haupt im moos noch
blind
die erd entzwei und zieht herab
ihn in die brausende flut
augenblicke dann ruh
und klarheit und wußte von

nichts

lenz I,3

gegen abend kam er auf die höhe des
gebirgs
nicht auf das schneefeld unter die
flammen der buchen kalt
der sonne dunst im westen ruhiges
gewölk
unbewegt der himmel blickt
auf nichts als gipfel breit ihre flächen
und still
grau und dämmernd entsetzlich

einsam

allein ganz allein
er konnte nicht er wagte kaum
sein atmen bog seinen fuß und tönt wie
donner namenlos
die angst im nichts im leeren

riss

auf und warf den abhang ihn hinunter
finster der himmel und die erde
verschmolzen
wie eltern gingen ihm nach in entsetzen
nie ertragen jagen den wahnsinn auf
rossen in stimmen

und lichtern halb die stunde vor
waldbach im jänner
den zwanzigsten
siebzehnhundertachtundsiebzig

lenz III,1

gestern lenz getroffen
unterm rossberg
ging von thann aus in der früh
hatte sieben hund
ulysse spitzbuh chocolat
weiß nicht woher
dazu vier mischling
ihm lang voraus er keuchend hinterher
nassgeschwitzt bis auf den leib
unterm quergestreiften t-shirt ja
ganz von unten ohne carossage
nur mit den hund und seinen füß
alte schwarze stiefel hin zu den dünnen
waden
dünn und schmächtig überhaupt der typ
pullover bunt um schmale hüften grau
und
lang bis zu den schultern und
bis zur brust die dürren strähnen
vom kopf und von dem bart
helle liebe augen freundlich um
den mund und wohl der laut
seiner stimm in der hier bekannten
mischung
ein altes grünes regencape gefaltet und
an einem riemen hing von seiner
schulter angenehm

die worte die wir sprachen angenehm
die tier zum gipfel halt wohin er wolle
und drängten ihn dahin und
weiter durch den hohen wald hinauf
war es nun lenz ulysse spitzbuh

ein berner senn ein französisch hirt den
namen des andern hundes verstand ich
nicht auch
nicht die gegend aus der er kam auch
spitzbuh klein und dennoch rein von
rasse und
auch zum hüten mehr und nicht zum
jagen auch
war der ganze lenz kein typ der
gerne tiere jagt und
tötet
bei gott meint er im gang der worte
nicht
nicht wie die schweizer in kantonen
manchen würden
hunde essen wie ulysse und
mußte denken an das ferne land im
norden und
im süden und ans meer das sie umgab
wie
hier die nebel und wieviel hundstag und
hundsleben da dazwischen lägen und

wieweit das elsass und die schweiz da
weg
bei gott
er vielleicht gerade deshalb und auch
china noch viel weiter liebe fleisch von
hund und
katz und auch von ratten vom tiger alle
knochen und
mußte an den fuchs heut morgen denken
tot
auf der talstraß bei dem alten bauern
vielleicht kein huhn im bauch und
deshalb unvorsichtig der rechte
vorderlauf zertrümmert und
ganz steif und auch das blut in dem er
lag und
dreht den schweren winterkörper zur
böschung hin mit
einem stecken hellrot die spur auf
dunkelnasser straße schön
war scin pelz dick war sein schwanz der
letzte tiger dieses waldes nein auch
füchse wolle niemand essen mehr meint
lenz und
grault mit saubern und gepflegten
fingern wie
sie ihm später sagt dem chocolat sein
wollig fell und

spitzbuh der zum aufbruch drängt und
sagt auch
wolf sei noch ein name häufig hier
denkt an
madame vom markstein drüben
spitzbübisch alte und
büchner hätte angst gehabt vor füchsen
wölfen und
vor tigern angst vor der heimat und der
schweiz und
hund wie ihn die hätten sie gefressen
sagt lenz im
gehn

lenz I,4

er hörte stimmen sah lichter noch
eine halbe stunde nach waldbach das
dorf
wieder lichter vorbei an kindern weibern
stille
von ihnen ihm ward zum zweiten mal
leicht
bleich seine locken augenzucken sein
mund
zerrissen und fremd ha ha so der lenz
spricht oberlin ein drama seines namens
suchen
nach worten rasch auf der folter ruhig
heimlich und still der schatten des
kindes
alles licht zur mutter schattenraum
engelgleich die heimat drängend nach
haus
blass sein lächeln die alten gestalten die
lieder
weit weg und er gab ihm ein zimmer

lenz II,1

im jänner
warum nur kam er hierher
ins steintal
waldersbach in eine pfarre
hinter ihm goethe hinter ihm
schmerz vor ihm physiognomie
später selektion genannt hinter ihm
menschenliebe hinter ihm unzählige
fragmente gewollter ungewollter
verkörperungen begegnungen
menschenkenntnis hinter ihm immer
nur zu gast schon dort
fällt ihn der wahn an trieb ihn
aufzubrechen zu lindern fast
bis in die mongolei dort nur
könne er genesen zurücklassen
alles solle er nur
bis ins elsass
einige dramen

lenz III,1

sie hustet
oben irgenwo
eine motorsäge noch
sonne am nachmittag die
kirchturmuhr schlägt alle
viertelstund der berg
irgendwo hinter unseren
rücken der weg über den
abrutschfels

u.s logelbach
vororthäuser träge zwischen dem Fluss
und
den grauen bergen weggegeben
in pension der vater starb mit drei
die spieluhr ihn an ihn erinnernd
gemeinsam motive frauen und
türme gemeinsame geilheiten und
ironie des blicks sein zwiespalt
zur mutter ihr liebstes
kinderbilder kinderlieder die frau
buddhistin heut und
rauchen tut er wieder

in s. bei r. habe es
geschneit sagt sie
der blaue reiter in l.

im museum die tage
damals zwischen benediktbeuern und
murnau der friedhof von kochel
im schnee suchten maler dort
ihr blau

lenz III,2

struthof hartmannswiller kopf
crypte croix silberloch und molkenrain
vorfahren verfahren über altenbach
wie das bei uns nur anders halt
tausend meter über breitem dunst
nach süden

geishouse nicht ost nicht west verstreut
auf matten die häuser grotte
aus tuffstein lourdes und viel holz am
rivoir
die armen die reichen mehr auf der hoeh
vue des alpes geschlossen
ihre fensterläden verlassen rot
geht im breiten dunst die sonne heim
bald sind die nudel fertig

lenz III,3

nebel ne pas
du pain aujourd'hui
dans le vallee saint martin
feiertag en france n'est pas

nebel nässe wieder nacht
die turmuhr kalt schlägt viertelstund in
dein gehirn
speckt ab den kalten mond jetzt
elf wieder nacht und kalter mond
durch kalten taudunst tropft und
auf kaltem kiesweg schritteknirschen
klamm des kalten hirns gedanken
wie die wärme unter der kapuze halten

wahrscheinlich unter null
die nacht schneereste heut
ganz oben in der sonne noch nicht alt
noch schafe auf den weiden
weißblütig auch das kraut
vereinzelt blumenglocken steine
die sonne stand nach süden über dunst
und schleiermeer in täler brandend
kaum
siehst eine rührung du und weit
am horizont die alten berge dir
bekannt die namen längst vertraut

die ortung ost bis weit nach west die
häupter
selbst umspielt von weißen locken
unscharf
im rund des nahen spiegels

sie raucht den rest zertritt sie auf der
erde
in hundert jahr werd er noch liegen
dort sagt eine andere zu ihr und
wunderlich merkt auf und
steckt den kippen in die tasche

den ganzen tag
in nochmals hellstem licht durch
flammengelbe wälder sanfter erde laub
auf felsen sitzend wie auf watte
schwebend
hinüber grenzenlos hinunter
menschengrenzen noch eh die nacht
und dichte nebel dir den weg verleiten
nasser tau dein haupt bedeckt

lenz III,4

... eine böse frau ... und
schickt ihn zu den männern
in der werkstatt ... mit der pflanze
und den blättern ... die abgefallen
sind ... sie sagt sie sollen
sie reparieren ... sie sollen
die blätter wieder dran
machen ... und er gehorcht
ihr ... wie ein idiot

... und laut schlug wie ein herz aus stein
die turmuhr jede viertelstunde
ihren doppelschlag

lenz III,5

das hoch ist weg die nebel
weichen es zieht sich zu
nasskalter wind treibt wolkenfetzen
übern kamm die hütten alle zu
bergwald rot die felsen jäh
steinhalden zwischen alten silbertannen
hoher windbruch unterhalb der fläche
dort
struppig jetzt das gras ein baumfriedhof
abgeknickte morsche stämme an grade
noch gesunden
angelehnt und andre längst am boden
hingestreckt die nebel spielen um
ihr silbrig grau zuerst als wärs ein blitz
gewesen
ging näher er ein stück den hang hinab
und sah
dass menschen ihn verbrannt von seiner
wurzel höhle aus
so wie sie alles ihnen fremde auch
verbrennen unten an den wurzeln immer
ist ihr beginn ein feuer zwischen
wunden stellen
fast ausgebrannt trug er den sommer
noch
die grünen äste der rest ist braun und
wird bald folgen flaschen tempos kippen

liegen umher der moderne opferstellen
eine
alt war er der baum am rossberg silbern
einmal seine rinde jetzt unter waldmatt
schwarz
auch sein innerstes

lenz III,6

es regnet in die nacht
neun grad der föhn wird
kommen sagte lenz noch
während die wolken von norden
her über den kammrücken jagten gestern
reif schon an den halmen der gräser die
pfützen in eis gefroren der herbst kurz in
der früh
dann kam der föhn und leise
fällt der regen wieder auf das dach

lenz II, 2

sicherheit sicher
           sein und ruhig
vaterland und
vaterhaus diese art
               freiwillige verbannung
medizin philosophie das
               feld der raum die
                         zeit
über grenzen meine

kräfte geheimer angst
verfolgen mich beständig

ruhe oh große
      wohltat

wo ist der ort welch
          seine zeit la
                bourse ou la
                      vie
bald ist es

zu spät

lenz I,5

hinauf
kalt da
oben was oben
auch immer sein mag weit
der stuhl leer ein hohes bett
hintergründe licht um einen tisch
ging auf und ab er wo er war wo
hergekommen diese schatten träume
leer
wie auf dem berg mit nichts
auszufüllen das licht erloschen
finsternis verschlang alles unnennbare
angst und sprang umsonst
nichts
gedankenfetzen
wie am berg der nebel licht
nichts ist fest
weg ist die welt mit einem augenschlag
und
gräbt die nägel in den stein vergeblich
das wasser des brunnens nicht sehr tief
doch
konnten zusammen nie kommen nur
die kalte ruh
der breiten bergflächen um ihn
große höh der täler richtungen

mannigfach große felsen massen
materie wenig
wald gipfel nach westen gewaltig

lenz I,6

ernsthaft und schweigend dämmernd
der traum lichtmassen gewölk langsam
den wald herab ein silbern gespenst kein
lärm
keine bewegung
nichts
als nahe fernes wehen punkte ahnungen
rasch
ins leben wege gelegt kanäle und gräben
fortwährend schule unermüdlich lenz
beruhigend den künstler in der
schwarzen kiste
den körper nicht länger mit sich
schleppen
wollt oberlin oft in die augen sehn oh
lenz
gesicht eines kindes gesicht in der sonne
des abends zuwider jetzt noch der
mutter
nachzulaufen wie einst

lenz I,7

blind der alp
des wahnsinns klammert
sich an alle gegenstände schatten
leben seine glieder starr sein blut
kalt kalt der brunnen in das leben
seine lose in der tasche
verspielt mysterien dummer erwartung
schnee
war gefallen nebel kam
vom weg ab
keine spur

lenz I,8

der schnee war leicht
spuren vom wild ins gebirg
still tief und blau heimlich die flächen
und
linien töne hinter einem baum die
mutter
ihm dies alles hier beschert zurück
hinunter in sein zimmer sein text und
seine nächte
wurden ruhiger

tauwetter
ein rosmarinzweig und schmale pfade
in die landschaft schwamm der schnee
war er weg war
dunkles moos

lenz I,9

nein als gottesdiener
verdienst kein brot geh
an den hof werd
ein soldat

lenz II,3

der steckbrief ist mein manuskript ist
subtiler selbstmord durch meiner
faulheit arbeit
femme libre dienst bei maria
sterben mit einer geliebten oder
eine jakobinermütze
zu was ein deutscher nicht fähig
auch wenn er hunger hat
nach seiner muse
erhängt danton
an einem seidnen schnürchen

lenz II,4

samson und maria
scharfrichter freie frau
war sie wirklich unbefleckt?

lenz II,5

warum
sollte ich
meine entdeckungen rechtfertigen
warum
zum tode
auf hohenasperg frankfurt stuttgart
ursachen
zum tode

lenz II,6

gießen marburg butzbach
flüchtlinge der stadt allein
hier und von meinem schreiben könnt
ich leben
ruhig und sein und mich schicken und
meine pläne nie aufgeben

lenz II,7

in flagranti crimine nicht
gehängt und nicht begnadigt nach
amerika
die andern hungerten sich aus die
pfaffen
ärzte lehrer die ärmsten meine
kampfgefährten gesellen der
menschenrechte und
wie sie sie treten werden später und
die kommunisten alle nach amerika oh
amerika
strafversetzt und freigelassen geheim
und
liberal die fackel in der hand sie ist von
hier und grausam
wird misshandelt werden weiter überall
selbstmord im eigenen gefängnis

lenz II,8

unruhige kanzlerbürste
sehr anspruchslos die männer im grund
politische flüchtlinge sagen sie
vielleicht ja
auch in die schweiz und fortgesetzte
tollheiten
brachten sie in unangenehmste
verhältnisse zum inland
zum ausland als phönix ein drama im
ansehn
das blatt vor dem mund mit viel ehr die
erscheinung
legen wert auf beurteilung für männer
energisch
zynisch blutig liederlich wie sie wie halt
alle
geburtstage sind für könige und
republikaner
nur der pfaffe sei im zuchthaus

lenz II,9

ein baum in straßburg
auch unterlehrer können wachsen und
große historiker werden

lenz II,10

an pfingsten nur
acht bis neun flüchtlinge
hier und keine berührung
höchst verdächtig und sehr
gefährlich mich ganz ruhig verhalten
ganz
zurückgezogen nur noch
rosenstiel und stamm

man gibt sein heu
für freiheit den rosenstiel
für rechte

lenz II,11

bin überzeugt
nichts zu tun nicht
meine haut zu markte
tragen wie ein narr wie
schwach und unbedeutend
freiheit ist im ausland
mußt du niemand sein und
auch nichts haben sei
wie ein tier schau
einfach zu und hoffe
auf die zeit
und babylons verwirrung

lenz II,12

ein fragezeichen hat die revolution
aufgefressen armut
einzig revolutionäres element dieser
welt du
sollst nicht fragen nicht dich
mästen heuschrecken ihre hälse lass das
huhn
laufen sonst stirbst du
am apoplex sprach der gallische hahn

lenz II,13

mündlich am anfang
und angenehm warm
der darm im innern frankreichs
weiter und freier raum kein arresthaus
oh
ihr unglücklichen und heroisch
standhaften
und geschlagenen mögt nicht glauben
dass
unsere mutter starb durch verrat ihr
grubt
ihr eignes grab durch heirat in
verachtung
sie wird euch töten und das vorspiel war
so bunt

die zeitumstände
gaben sie in eure hand aufs äußerste
missbraucht
für euern vorteil biegt ihr das leben wie
den weidenbusch
das florett soll euch durchbohren im
unendlichen
nie fertig übersetzt ein solches drama ist
bleibt immer bei der vorred
denn nur die preußen machen kurz den
prozess

ein guter koch starb im gefängnis
die angehörigen emigrierten nach
straßburg
da leben sie noch heut

und noch einmal klemmt das leben
dann bieg es wie die rute
eines weidenbuschs besser
eines floretts

lenz II,14

bürgerlich liberale haltung war
tu dich um und
übersetze griechische klassiker laut
war noch nicht
ihre physiologie ihre nervenspannung
die von den fischen
fast noch lauter und anatomie
noch längst noch keine
naturgeschichte
mich mir mich
selbst zu übersetzen
um leben zu können

mittellos

in straßburg oh lucretia oh
maria stattdessen

lenz II,15

ja mein schatz es ist
immer das gleiche und hier
unangefochten riskiere ich
notizen die mir schwer
auf dem magen liegen in der vorstellung
unser haus und garten arresthaus
wo alles unglück endet wo einer
nach dem andern stirbt in stille
todesurteil und schafott aus langer weile
aufgeschrieben
selbst vom mond die schattenseite mir

oh frankfurt oh städte ihr guten so weit
die zeit wird euch aus meinem gehirne
nehmen
eure rolle klemmt zu grenzenlos
eure leidenschaft nach zu vielem zu
viele
schläge für die kleinen helden
der standhaftigkeit adieu
aristokraten

lenz II,16

bitte
erlaubt mir über mein drama
einige worte zu sagen und
bitte
einige änderungen daran
machen zu dürfen
weil ich allzu sehr benutzt wurde
weggelassen
zugesetzt meinem ganzen immer wieder
zum nachteiligsten manchmal
war mein ganzer sinn
weg
und platter unsinn
abgeschmackt mein name drauf
gemeinheit
im mund und anlagen zur eitelkeit
unsittlich

meines dichters auge
es stehe über der geschichte zum
zweiten mal statt
zu erzählen meinte ich leben
und so nah
nur dem lieben herrgott und der
geschichte selber
sei das so gestattet

und danton
sei ein bandit liederlich und gottlos und
atheismus seine weltbekannte obszöne
sprache poesie
das auge für die gasse und zeter schreie
über einen gott der diese welt
erschaffen der dichter
dürfe sie nicht zeigen

wie sie sei
soll marionette sein mit
himmelblauer nase und pathetisch
fleisch
und blut und halte viel auf goethe und
auf skakespeare aber weniger auf
schiller
bezahlte schreiber von regierenden
dummköpfe und
ein gewaltiger blitz solle sie treffen wie
vor tagen
das münster so ein schlag und
feuerglanz zerschmettert und
geschleudert nievergolten
die geschichte muss ein märchen sein

lenz II,17

nievergolten
die natur der wald
vor büchner schon geflohn
unzugehörig zu
burschenschaft gesellschaft abgeschafft
auch nicht zu menschenrechten
wanderten auch nicht
starben einfach
aus

lenz II,18

eine sicherheitskarte von allem
anfang an gibt es nicht
eine art geburtsurkunde keinen
heimatschein
halt ein papier nachdem man vorm
gesetz
völlig unangefochten ist eine
prophylaktische maßregel für alle
zukunft sie sprengen gerüchte aus
sei schon in zürich und verhaften
familienväter in rödelheim frankfurt
offenbach selbst
mädchen frauenzimmer aus gießen
darmstadt
landen im arresthaus friedberg ketten
an den händen und tödlich krank
himmelsleiden ohne ende
gefangenenkost
licht und bücher danke

lenz II,19

mediziner sohn des professors braver
bursch folgt dem alten in die sichre
schweiz
die unglückliche schwester auf ihrem
hof in bonames
die neuen revolutionäre derweil noch
immer unterstützt
waren die brüder schon längst geflohn
in eine chaumiere
sagt man

lenz III,7

die geisen hätten sie gehütet hier
früher und verschiedne wasserstellen
hätts gegeben
rivoirs danach richte sich die zahl
der hütten pro stück land noch heut und
viele wörter würden sich ans englische
anlehnen und
aus der stadt seien sie geflohen
in die ruhe um den platz zu haben und
die luft und sonne an dem hang nach
süden und
würden nichts vermissen von da unten
und
sein carpe et frites in mehl
gewendet und mit senf war gut und
die karpfen aus dem sundgau sie
ein escalope de veau in rahm für ihre
müden füße
steinigen weg und dichten nebel heut
am ventron ertastend
entschädigend

lenz II,20

himmel in so einem loch
werd er verrückt paris
eine höllenmaschine die politik
eine partei von schurken und
verbrechern das volk
muss alles sagen was ihm durch den
kopf kommt
öffentlich oh höllenmaschine unter
bonaparte
der mord in rastatt absolute macht der
alten
unordnung polen italien deutschland
unter den füßen fehlt nur noch
frankreich wie ein schwert
über dem kopf millionen verwirrt über
den tod
des königs nicht
viele schritte zum rhein
für attentäter

lenz II,21

attentäter scheitern und erpressen
die freiheit revolutionen sind
höllenmaschinen und
stürzen sich selbst während die
monarchen
weiter ihre siege feiern in russland
preußen
österreich der rest ist geteilt die
geschichte
hat parallelen und auch die zukunft neue
husaren überfallen und morden im april
verhandlungen bleiben erfolglos die
situation
und beziehung die alte ein kampf
in der kälte

lenz II,22

die justiz umtreiben missbrauchen
der fürsten gewalt treibt die gegenwart
kleine prinzen gibt es nicht und
auch nicht ihre herzen
und planeten
und alles fällt
ausweisung
das innere ist abgereist
wenige tage noch
oh elsass warst du wirklich
frei

lenz II,23

kleine prinzen großherzöge emil
ludwig leopolde anonym verhallen sie
im all die dichter danton
menschenrechte
gehören zu demselben stamm

lenz II,24

macht mich lachen lange schon
der mensch sehr lieb und unerträglich
jetzt seine last verdammt dazu
das nötigste zu schleppen und
nennt es liebe an sich klammernd
quälend übel tragend ich
bin der lahmt der krüppel der
sein kleid sein leid gefunden der
seine erbsünd absolviert ich
mit manier und viel zu gut allein
könnt vor die tür ihn werfen pack dich
humanität

lenz II,25

deutsche revue verboten
deutschland selbst bereits
vor seinem erscheinen
im grund der geschichte
hätte verboten gehört
doch wer schaut schon zurück und
kündigt seine mitarbeit

lenz II,26

quelle der rücksicht allein du
sollst mein einkommen und meine
verpflichtung sichern du
große leidenschaft des armen teufels
seine ehr
seine schand lebendig begraben
schaut er sein schicksal

lenz II,27

oh mitschüler
in gladbach und gießen oh
beteiligte oh unternommene
frankfurter zuchthaus
für jahre amnesie
wär besser als amnestie

lenz II,28

ja du machst dir allerhand notizen
über freud goethe lenz unglückliche
poeten halb verrückt schau hin
auf diesen gegenstand
naturhistorie halte die zeit
lang an und studier
der weg ist gebrochen die leute
schmeicheln und prophezeien
dir eine glänzende zukunft nichts
dawider mir zuwider

lenz II,29

erst an der grenze
wird man verhaftet erst dort
kennt publikum deinen steckbrief oh
neues jahr oh doktorhut wann
fängst du an über ostern zu dozieren
nicht zweiundzwanzig sondern
fünfundfdreisig sind die großen
revolutionäre mit namen allgemeine
zeitungen parodierten heine büchner
lächerlich der einzig misshandelte
erschienen in den temps liegt uns
noch immer im darm meine
unglücklichen
freunde

lenz II,30

zeit allgemein le temps der tag
und der abend in augsburg und
paris großbourgeoisie organe
der öffentlichkeit wollt ihr sein oh ihr
gemäßigte in der vormärzsonne du
bruder du vater sei mir arzt und gib mir
kraft und stoff mechanik der materie
heißt jetzt geistig leben oh wilhelmine
oh süßes lottchen spiel mir noch einmal
dein klavier

lenz III,7

in nördlichen mulden noch
reste von erstem schnee
weißtannen die lärchen die vier
gänse vom markstein schmutzig
gefleckt
das rote orange ihrer schnäbel
und beine

der weg auf dem kamm
masten lifte leitungen nichts
mehr verbindend

lenz III,8

schlaf wohl du himmelsknabe du
süßes kind in ruh und sanftem
himmelswind
die armen hirt und schaf
oh himmelssöhnchen
schlaf

der mutterblick hat leis dich
zugedeckt sie hält den hauch
zurück dich nimmer weckt
die schaf sind stumm
oh himmelskind
schlaf

da fließt dein blut aus menschenwut
hab deine äuglein zu und halte süß
die ruh
schlaf himmelssöhnchen
du

lenz III,9

wut
die zange immer die
linke hüfte links
gelähmt wacht nachts
auf immer links gelähmt
einzelwortarbeit angst vielleicht
noch zu ersticken jucken es juckt
rechts wandert nach oben
mutter komm schwester reib
mir das gesicht mach die riemen los
dialogvariante reagiert nicht
allein und nackt
frauen um ihn wissen
nicht jucken
haben ihn vergessen die hände
angebunden juckt unerträglich hustet
an den augen ein empfinden spucken zu
müssen
nicht wahrgenommen sie
aufgeregt er im hintergrund das ganze
schlafzimmer die eltern jucken nass und
blut
der hals links kopflos leblos links
liegen ach atme mein herz
nur schwer

kenn ich erschöpft
leblos kopflos gesicht
kann das sein ja bisher ja
ambivalenz will sich fallen lassen
hängt zwischen baum und borke
hängepartie zwischendrin und
draußen die linke seite die
schulter bis zur hand wie
ein schmerzklumpen schießt in den hals
jucken das gesicht kommt ihm
dazwischen
die linke hand übrigens auch die letzte
nacht
manchmal auch am tag manchmal
einige finger seitenschmerzen den hals
abreißen du hättest mit mir reden sollen
dass du mir den hals abreißt das jucken
kommt hoch die verrückten schwestern
können es nicht nachfühlen sehr
unruhig will es ausklingen lassen
vorbei

lenz II,31

hammelmann der brave
junge eltern haben ihre freude dran
weihnachtsgeschenk und büchsenlecker
lottchens liebling
am klavier mit stock und ranzen
reingefallen wie der tell
adieu mäuschen und dank dir
für den grauen winterrock

lenz II,32

gedichte aus der gegenwart
nach der manier von schwab und uhland
nicht
nicht immer rückwärts platz ist günstig
sonst lieber schweigen mich
ins land hineingelebt in ein gebirg wie
meine mutter
kenn jeden berg und jedes tal und
heimlich und
wie freunde alt durchstreif es
mitundohnespracheelsass
vogesen deutschfranzosen fremdmein
himmelboden jede seite dumm und arm
meinetwegen philosophen eure löcher
in den hosen könnten palastfenster sein
bedenkt jedoch das spiel und
selbst als könig frierst du noch
erbärmlich

lenz II,33

also
sprachen endlich bilder
und stöberten durchs vaterland
wurden heldensagen lieber
keine
brüder in geschichten und gedichten
mehr

lenz II,34

das neue jahr und
ich muss lachen

darf keine rücksicht nehmen
könnt euch jedoch den phönix schicken
diesen könig
unsittlich seien seine bücher
schmutzigst
seinen eignen heilgen geist
versteckt er hinterm deutschen
michel klatscht in die händ sophistisch
verirrung nicht mehr wandern nicht
mehr
suchen lehren fehlend nur noch
haare spaltend falsch geleitet
halt der große haufen volle backen
unmoral und dennoch einzelne viel mut
aus gefängnissen zu schrein antworten
dein reich ist nicht
von dieser welt und dort
wirds auch nicht kommen heilig
dreifaltig rettet leben nicht und auch
nicht
freiheit wagten nie zu sprechen
verstummt
die sogenannten jungen misskennen

deutschland völlig lesen keine bücher
mehr
wollens dennoch völlig
umgestalten ehe praxis die moral
tausendfältig mehr gesündigt
als der stein
werfen ihr talent und ziehn gesichter
wenn ich meines weges geh
bleibt auf dem geld
in der natur in meinen eigenen gedanken
nur

christkinder wieder dieser tage
bald haufenweise überall zerlumpt
und frierend kinder reißen ihre augen
auf vor herrlich schönem
dreck und goldpapier
im rausch der bilder plunder
sind gedanken sind
armseligste gitter nie genuss und
unerreichte
kostbarkeiten
das macht sie
bitter

lenz II,35

könige
und großherzöge arretieren
verächtlich macher und verschleierer
des wortes
dabei hatten beide ihre hände auf
lucindes schenkeln
stattdessen steckten sie die zweiflerin
für ihre unmoral in das gefängnis und
verboten
alle ihre schriften

lenz II,36

jeder verdächtig
strecken hände suchen briefe
mannheim
die besondre nachricht seine haft
in der längsten straße dort
du
gehst hinein und kommst
erst nach ein paar jahren
wieder raus sagt die großmutter
noch heut besucht ihn jeden tag
weil er blätter dort verteilt dachte
sie er bringt sich um aus scham und
so
fürchtete nichts mehr
kurzer prozess fast sicher
war sie dass er sobald als möglich frei
frist nimmer wahr
verlassen sie teutschland
ganz schnell geh in den rebstock über
straßburg kein schrot wird mehr
gedroschen dort und denk
an ihre ungeduld
allesgeliebter

lenz II,37

rückschauend
war paris
grenze danach war alles
süden und ganzanders
nach paris
fliehn einzige sehnsucht und
hilfe nur dort
kannst du leben ohne
wer zu sein und
boule und poule
war dort
kein großer unterschied

lenz II,38

etwas in den händen haben
sich mit nichts beschäftigen ist
wahre praxis du
sitzst die zeit aus in die zukunft
wahre freiheit
instanzen raten dir das land
nicht zu verlassen
zwei junger menschen unschuld
nannten sie immer freiheit und
hatten ihr geschäft
familienväter biegt das leben die zeit
bringt sie ins zuchthaus ohn urteil und
ohne untersuchung sonderbar
ist die geschichte englischdeutsch egal
die blätter sind gefallen
das theater ist vorbei
die braunen schweigen der rest
noch in der drogen fessel
oh hübsche frau
oh du paar augen
oh du paar hände meine
manie madame kostüm des anfangs
schauspiel war unser beider bühne
schauspieler maschinist und vorhang
zugleich ein viertel stündchen nur
unsere szene ihre dagegen und
treiben zum examinieren selektionieren

die flüchtigen unwissend liederlich
sie verhaftend einfältig verwoben
examen und staatsdienst
armselig die jungen geschlechter
kriechen
der stadt ins gedärm und werden von
amtswegen
ausgeschissen

lenz II,39

oh freunde lang genug
war ich jetzt
stumm
saß im gefängnis und
in der sonne gelangweilt
geschrieben abhandlungen über die
geschicht
länge breite tiefe tag und
nacht ekelhaft geduld
der teutschen philosophen einzig
ihm gebührt der doktorhut mein sohn
danton

mein lieber die leut in frankfurt nein
werden nicht ihn fechten an und
sonst weiß teutschland nichts davon
gesunde niedertracht gibts nur überm
rhein
literatur und die moderne natürlich sein
nicht hohn und narren in der festung
teutschland mich empörend und
nicht gerade klug ihr weg ideen
der gebildeten reformen unmöglich
sagen sie die zeit
sei materiell nicht rein direkt
politisch nicht

ein riss

geht durch die geister gebildet
wohlhabend durch gewalt für sich
begehrt spitz nie genug die große klasse
du selbst im elend sie
religiös fanatisch parteien mit zwei
hebeln
werden siegen machen
aus eisen und brot
ein kreuz leben
im volk
abgelebt die moderne
gesellschaft zum teufel zu was noch
himmel und erde entsetzlich
zu vertreiben diese langeweile tragisch
mags sein
auszusterben
das einzig neue
was noch zu leben
ist

lenz II,40

abhandeln und philosophisch
lesen nie gekonnt
reich und ausführlich hingegen die natur
über nervensysteme
aufnehmen wie fische über kiemen
das private nur

ein reaktionärer literatenkritiker ist
auch ein reaktionärer literaturhistoriker
greift
junge autoren und nach der dritten
anmerkung
selbst goethe an

lenz II,41

herbst in zürich deutsch und flüchtig
einfall von bewaffneten schnell übern
rhein
die hand anlegen schnell auch verhaftet
große güte oh meine lieben hessen

revolution ein versuch
des unsinns verschworen
die agenten des bundes ihre pässe
ausgestellt von polizei und handelshaus
frankfurt
ein kerl und ehemalig schuster
mannheim
ein liederlich person für eine ungarische
gräfin
sie sich gibt diese esel diese tölpel
ausweisung und alle in die schweiz
gewarnt vergessen
die geschicht

lenz II,42

ein von
ein deckname
ein schwindler
bezahlt
den tag verbergend

lenz II,43

engel
sind vernünftig
wirst du sagen meinetwegen
ausgedehnt viel gute zeit
die geschichte ist natur und
nicht gesellschaft statt

gott
gehört sie nur dem zufall auch
ist sie nicht zu packen in drei vorträg
und auch nicht zu memorieren als
mitglied schuldest du ihr dank dein
leichtsinn und dein zuwachs ist allein
dein gottvertrauen unbegrenzt bezahl
dem doktor keinen heller mehr und
schreib und leb kredit mach
rock und hosen dir aus deinen weißen
bogen
vollgeschmiert mit deinen wegen stör
dein schweigen kranker schluck
die ekelhaft arznei und schaff
dir fatal arbeit weg vom hals weg
das ding und aus dem haus denk
an den sommer bei der

mutter

herbst kommt zurück mit zeit und geld
unsinn
in gemächlichkeit fertig dich zu
präparieren
frohe tag auf deiner reis das

leben
ist was schönes sput dich der herbst
hat mehr gelernt als noch der

lenz
die kranken und die leichen ich schau
spitäler halb europas tour
durch die hörsäl unterwegs verrückt
die teutschen staaten wütend
machen mich drei ding es regnet und
ist kalt und zahnweh hab ich
vor dem winter und kein vier wänd
du sitzst ich steh sollt lieber tot
mich schießen wär weniger von
schmerzen auch
seufzt der baum jetzt jeden tag und hat
dabei
einen ungeheuren bauch ist auf subtile
weise schwanger und
träumt sich aus der welt zu schaffen
oh ärger der gesundheit warum
hast du das fechten eingestellt und

bist so faul verdrießlich mit menschen
etwas anzufangen
allein der pfarrer
hat schönst disposition dafür oh
stöber noch im brunnen und riech
frau pfarrerin das arme mädel
ist verlassen poetisch ehebruch
die leute sagen freund und vettern
dein zipfel hat er noch gezündet
warst lang zeit unmobil oh wilhelmin
bedenklich krank mit einer chronisch
friesel und
briefe hattest du erbrochen
dem frauenzimmer im couverte
zurechtweisung noch in vier wochen
drucks und reis ab demoiselle ästhetik
alte bekanntin
lebe wohl

lenz II,44

köln hamburg darmstadt wien alle
städte sind schauspielerinnen
ihr theater eine burg die schönste
pfirsichhaut ihr fang die sünd
oh tante threse

lenz II,45

im entferntesten
augenblick ein asyl dort
aufgeben verlangen
annulieren lossagen von
allen konstellationen sicher
nachbarschaftlich ausgewiesen
der tag gesetzt so zieh ich
nach savoyen versuch mich dort
authentisch und ohn kaution
dort hat mein reis kein hindernis
verbind mich nicht mit narren mein
diplom ist die natur kein zeugnis
einer professur und namentlich
ganz ruhig
sein

lenz II,46

ramorino
im exil stammland
aller italiener dort
in den bergen
gibt es keine monarchie dort
stürzen nur die felsen und
andre unternehmen
schlagen fehl

lenz II,47

bin ganz vergnügt in mir
wenn landregen in die wälder fällt und
der wind abends von nordwesten kommt
zieh
dann den strumpf vom fuß den andern
will
ich derweil lassen müh mich
an die stubentür zu hängen jetzt
noch ganz
dann völlig überflüssig
jedwede mitgliedschaft und vorlesung
wer schon
geboren
und totgeschlagen nicht
auf dem papier allein braucht
mut
unter dieser sonne der liebe gott
der buchhändler und ein groß publikum
so wenig geschmack sie haben
zu fast all den dingen

lenz II,48

oh mein bruder jüngerer
    mein lass die stoffe der natur
    allein studier deine innere chemie
    dein
einziger besitz für später

lenz II,49

zwei händ zwei dramen
will ich nicht die zeit
ist fertig schneider mach
mir ein ander kleid

zwei dramen mein
und dein kein stück
kann eins einst sein

lenz II,50

die verhältnisse haben mein vaterland
verlassen laufbahn und ziel für mich
zum doktor einst kreiert der pass allein
sans profession und lacht mir ins gesicht
zwang mich zu meinem innern
aufenthalt
hochgeehrte herrn und
magistratspersonen
autoritäten oh glaubt dass ich politisch
trieben in wahrheit fremd geblieben bin
aus angst hab ich mich nicht verweigert
aus angst mein ganzes leben
vernichtung wär allein
sein plan

lenz II,51

kein bürger und kein meister
gehindert die polizei daheim
übers fremde kam ich dann zu meinen
dramen
hab dank am end
oh präsident

lenz I,10

schwarze kreuze verspäteter rosen
bergwassergesang schau
hinein sprach lenz schüchtern und hör
der töne süßes wohl stimmen
des herzens gegen stimmen des himmels
die ihn drängten in all
die wunden und leiden sei allein sein
gewinst wess göttliche lippen
saugen da an den seinen lassen seine
glieder zucken sich
auflösen zucken ohn end wollust allein
dann mitleid und tränen locken
des vollen mondes

lenz I,11

alles war jetzt
ruhig und
still und
kalt

über den bergen seine mutter
erschien ihm mit roter rose
an die pralle brust gesteckt der tod
des vaters allein auf dem feld
sprach oberlin und von den leuten im
gebirg
von mädchen wassern von der erde noch
von männern die sie angefasst
im geist im leeren tiefen
bergwasser ihrer träume
geschaut reinster natur elemente
je feiner der mensch und
fühlsam umso weiter
entfernt davon
sein eigentümlich leben so anders
als gestein und pflanze
traumartig
halt

lenz I,12

sprach sich selbst weiter
den ton tief affiziert ergreifen
ihn organe beschränken seine ruh
weit einfacher und effizienter ihre art
als tafelfarben und apostel als
apokalypse noch

steintal ruhe der erinnerung der bücher
ideal lenz widersprach ein dorf
der hunde und niemand frug woher
wohin gegeben sei die wirklichkeit

lenz I,13

das dasein nicht zu fragen
in shakespeare goethe in des volkes
liedern alles
übrige ins feuer werfen und keinen
hundsstall zeichnen
hölzern auch die puppen aufs
schmählichste verachtend
die natur das leben des geringsten
mit feinem mienenspiel kein bild gibt
eine ahnung
der schönste ton selbst löst sich auf nur
eines bleibt
die glorie des todes

lenz I,14

verändert nicht haltet fest
in noten und museen jed wesens keiner
zu gering zu hässlich missversteht
das unbedeutendste gesicht lassts
nicht heraus aus seinem äußern
selektioniert geht dabei in die irre
seid kaufleut halt und keine typen
apollon und madonna
sind sehr tot der dichter blind
wie auch der maler allein natur
ist wirklich fasslich geh hinaus
oh
jünger wenn die jäger heimkehrn und
der ort im sanften nebel liegt ists trüb
und dämmernd einförmig rot halb
finster
unbekannt und einfach
unbegreiflich

lenz I,15

das grauen
wenn geliebte tote
nach alter art dir stillen abend trüben
und
sonntäglich geputzt dir streuen
den sand derart wie sie sprachen
wird er rot vergisst die blonden locken
die briefe vom vater solle zurück
schlendre unnütz verlier gesteckt ziel
zu haus werd er toll nirgends als da
auf einen berg können herunter
schaun toll
toll lass mich
in ruh in den garten noch
wohl weg weg die welt
ist verhunzt nötig der ruh immer steigen
dem augenblick geben bist auf der welt
zu dürsten nicht leben

lenz I,16

jetzt erträglich
da will ich bleiben eben weil
lass mich in ruh fiel es aufs herz
ängstlich klammerts sich an alles
zurechtgemachte und gedachte

angst gewalt und zittern seiner spannung
erschöpft und kein gestalt
die ihn errettet

unheimlich allein
gebirg sein zuhaus
die andere seite
ebene tal
sie waren getrennt

durchstrich diese berge die flächen
rauchend und weit keine spur
von mensch verlassen kein hirt
die hänge ganz still verschmelzend
die hütte sein körper sein herz

lenz I,17

meer
langsam auf und ab und er geht
träumend
sucht keinen weg im finstern
abend

kam er zur hütte
am abhang
ein mädchen und altes weib
zeigten ihm wo er schlafen solle
das mädchen
zuckte

und war unruhig
nahm kraut in die hand
stimmen kamen vom gebirg und
wetterleuchten

fassten sie an und
rangen mit ihr
dann gab es ruh
nur das singen
des mädchens

und der wind
saußte
und der mond

tönte
über klippen

lenz I,18

kalt der morgen das haus
am ende des tiefen tales
rotes strahlen grau das dämmern
weiß der rauch auf ihnen lag

das mädchen zuckte die alte
spann ihr lied viel zu lange die zeit
die lenz schon da und niemand wisse
woher das wasser und die erde
aus holz dies alles hier und
fürchten vor sich selbst
die einsamkeit

lenz I,19

nacht
drückte auf ihn und es wimmelte
in ihm nach einem abgrund
aß wenig
drängen und tränen
plötzlich stärke und kalt und
gleichgültig

eistränen
strömten in seine wüste
zeichnete malte versuchte
schreibend sie festzuhalten
hastig alles die frau die pflanze
das kind das hat sein schatz und
der ist weit fasst sich ans herz und
sprach zu ihr herab fiel
zentnerschnee

lenz I,20

ganz kind
als wär die welt zu weit
kein engstes plätzchen
haus der punkt so eng
so eng der schoß
mit händen an den himmel luft
luft ich ersticke und
es tut weh
die linke seit der linke arm
es steckt die schulter fest und
kanns nicht halten läuft
mir davon das bild und
martert mich

sie gab mir nie antwort
leere kälte sterbender war die glut und
weckte die erinnerung wo alles drängte
nach empfindung keuchte
war so der tod ein zeichen tot
tot saß träumend ich am boden
ganz wach

lenz III,10

liegt da
weit der mund nur die ohren
die oberen zähne der untere kiefer
zurückgefallen
das kräftige kinn die nase spitz
gebogen ihm vererbt
irgendwann gegen das leben scharf
gerichtet
schnauft schwer atmet lang
wieder zuckt das kinn die zunge
die augen geschlossen ihn suchend
schwer die brust der hals
leis und regelmäßig dringt es aus dem
rachen
in ihr weißes haar
dunkel kurz die augenbrauen weit der
bogen in die stirn
kühl die arme

sommernachthemd im winter bald
ein maiskorn liegt noch auf dem tisch
dachte wär ein zahn gibt ihr zu trinken
durch die schnabeltasse das
tablettenschälchen leer
nervös die eine pflegerin die so macht
mit den augen

hätte warten können bis er kommt hat
eine lampe
mitgebracht auf den fernseher neben die
alte uhr
gestellt sie sieht sie manchmal noch die
deckenlichter
sind so grell an heim und krankenhaus
erinnernd
dahinter an der wand das bild der
mädchen sie ruft sie
aus der kehle raus manchmal auch so
was wie scheiße
ist dann wieder still döst weiter hustet
hat etwas im hals
ist immer wieder schnell weit weg wo
ist sie da
wem geht sie dort entgegen und
glaubt
nicht mehr
lange
hier
den sommer noch erleben

lenz I,21

das sterben
ist wie ein dritte hornung
friederike
beschmier dein gesicht mit asche
du alter sack
und treiben ihr geschäft
derweil das kind im hemd auf stroh
auf einem holztisch kalt
gläsern die augen
allein der tod
er schreckt
aller wille
kein punkt
die wände bleiben nüchtern
hinaus

gebirg
die wolken ziehen rasch die nebel
landschaft schwindet höllenklang
die faust
die zähne

lenz I,22

die höhen
speien
dir weiße steine
auf dein dummes blaues aug
schreien
lächerlich einfältig bist du oh lenz
waren natur
gleichgültig
und waren ganz anders
ihr atheismus fasste ihn
ganz sicher und
ganz ruhig
und fest und lenz ging kalt
und unerschütterlich
durch ihr unheimlich dunkel
grauen lust und abgrund

lenz III,11

totensonntag
liegt schon wieder auf der couch
wenn doch nie sonntag mittag wär
nicht gut noch nie sein ding
und etwas stecke ihm im hals

verstehe witze nie
sofort und kann auch wenn er sie
verstanden
nur selten später drüber lachen seufzt
tiefe unruh

lenz I,23

frug freundlich frauenzimmer
und nach den umständ
ob sie tot oder noch lebe
engel liebten ihn
der eifersucht geopfert
wie auch die mutter und
er ist der mörder und
wird ruhig dann
beim malen

die linke schulter wieder
ein stück pelz die gerte
soll mich schlagen dort
statt küsse auf den mund
streiche wie gewöhnlich
ohne hast die angst des tiefsinns
bis zur mitternacht verwirrung
und verzweiflung
friederike

lenz I,24

in den trog der mägde
in der nacht
ein tönen und ein winseln
ja die langeweil herr pfarrer
die langeweil so langeweilig alles
all die figuren an der wand
höhlenmalerei nein schatten allein
behaglich zeitvertreib eines kleinen
gottes
alles aus müßiggang
beten aus langeweile
lieben aus langeweile
meine aug sind wundgemacht
mag nichts
mich nicht mal umbringen mehr
wann endlich kommt die nacht und
huscht ins bett

lenz I,25

vorwärts gebogen
der leib
wieder hängend
das haupt
asche
im gesicht
der linke arm
verrenkt

aus dem fenster habe er sich
gestürzt
erschrack sagte nichts geht
weg
alle gingen sie immer
weg
nie beisammen

das grab des kindes
küsst die erde
waldbach
schwäche einer landschaft
so eng an alles zu stoßen
missbehagen und überall
auf ihn sehend

lenz I,26

hirsch im blitzschlag
gebunden den fremden
ein mörder soll er sein
für gott und die mägde
die nacht hindurch

frauenzimmer engel hieroglyphen
hieroglyphen ja gestorben sei sie
hieroglyphen und schrieb zeilen briefe
immer frostlos still weg war die welt
weg statt ihr
ein riss

lenz I,27

leere und folter
nichts
das ende
des satzes eben verloren
sprich weiter nicht lesen
allein und im gedanken
dich erhängen
fremd die person
als sei er sie selbst

alles um ihn wird kalt
und stellte häuser auf dächer
menschen auf köpfe
gab jedem ding seine fratze zurück
nur nicht der katze

lenz I,28

einfachst
stieß an was grauenhaftes
und nicht er selbst
schrie doppelt
sein erhaltungstrieb
ein teil sucht den andern
angstgedichte fielen auf ihn zu
die helle der welt nur noch einbildung
und satan rasend allein
konsequent konsequent
schrie er durch die ewigkeit

lenz I,29

ach
der jammer eines kindes
will ja nichts
als ruhige ruh
doch dumpf nur
ist des todes hoffnung
nichtsein ein versuch
und physisch schmerz
schlug den kopf sich an die wand und
blieb im bett den achten morgens
nackt und bewegt
die ungeheure schwer der luft

lenz III,12

schlechter und
schnauft tief und angestrengt
eingefallen und
ohne zähne isst
aber alles

lenz I,30

hören sie nichts schrie
die stimme der stille
um den horizont

vollkommen gleichgültig ging er den
weg
durchs gebirg
tiefblau der ebene zu

lenz I,31

du berg
du bläuliches gespinst
du erd
du mond
lenz starrt
kein ahnung und kein drang
angst in der finsternis verloren
tat alles was die andern tun
kein angst mehr lastet ihn
so lebt er hin

wort-zitat-collagen
in lenz I und II aus:
büchners werke
aufbau-verlag
berlin und weimar
1967